Meike   Stüber

Das kleinste

HAMBURG
KOCHBUCH
der Welt

JUNIUS

HAMBURGER
Krabbensalat

◇ Zuerst die Zutaten des Dressings in eine Schüssel geben und gut durchrühren

◇ Krabben in die Marinade geben

◇ Die Gurke schälen und die Kerne im Inneren der Gurke entfernen

◇ Den Apfel vom Kerngehäuse befreien und die Zwiebel schälen. Zwiebel, Gurke, Radieschen und den Apfel in kleine Würfelchen schneiden und zu den Krabben geben

◇ Dill und Schnittlauch fein hacken und in die Schüssel geben. Alles gut durchmischen

◇ Mit Salz, frisch gemahlenem Pfeffer und einem Spritzer frischen Zitronensaft abschmecken

Der Krabbensalat passt wunderbar auf ein Hamburger »Rundstück« oder eine Scheibe kräftiges Schwarz- oder Körnerbrot. Baguette geht natürlich auch.

Zutaten für 4 Personen

⚓ 200 g Nordseekrabben
⚓ 100 g Gurke
⚓ 5 – 6 Radieschen
⚓ 1 rotbackiger Apfel
⚓ 1/2 Bund Schnittlauch
⚓ 1/2 Bund Dill
⚓ 1 rote Zwiebel

Dressing

⚓ 3 EL gutes Olivenöl
⚓ 1 EL Zitronensaft
⚓ 1/2 TL Zucker
⚓ Salz und frisch gemahlener Pfeffer

KARTOFFEL-
Cremesuppe

◊ Die Kartoffeln schälen, in Stücke schneiden und knapp mit Wasser bedeckt in etwa 10 Minuten gar kochen. Währenddessen den Schnittlauch in kleine Röllchen schneiden

◊ Die gar gekochten Kartoffelstücke mit dem Schneidstab pürieren. Salz, Cayennepfeffer und Currypulver hinzugeben. Während des Pürierens den zuvor erhitzten Gemüsefond dazugießen, bis die Konsistenz leicht cremig ist. Dann die Sahne einpürieren

◊ Die Suppe abschmecken, auf Teller füllen und mit den Schnittlauchröllchen bestreuen

◊ Dazu passt als Topping geräucherter, in feine Streifen geschnittener Bio-Lachs und in der Pfanne in etwas Butter geröstetes Schwarzbrot.

Zutaten für 4 Personen

⌁ 400 g Bio-Kartoffeln
⌁ 1 Bund Schnittlauch
⌁ 1 Prise Salz
⌁ 1 Prise Cayennepfeffer
⌁ 1/4 TL Currypulver
⌁ 750 ml Gemüsefond
⌁ 1/8 l Sahne

Je mehr Stärke, desto besser die Suppe! Die mehligkochende Kartoffel »Ackersegen« schafft mit ihrer besonderen Eignung zum »Binden« eine perfekte Cremigkeit. Aber auch wenn man sie auf dem Wochenmarkt nicht ergattert – mit jeder »mehligkochenden« Kartoffel lässt sich ein Volltreffer im Suppentopf landen.

Barmbeker
Matjessalat

◇ Alle Zutaten etwa gleichmäßig in 1/2 cm große Würfel schneiden

◇ In einer Schüssel saure Sahne, Mayonnaise und etwas von der Gurkenflüssigkeit verrühren und unter den Salat heben

◇ Den Dill fein hacken und zusammen mit etwas frisch gemahlenem Pfeffer zu dem Salat geben

◇ Abgedeckt und kühl ein paar Stunden oder über Nacht durchziehen lassen

Dieser Salat ist eine Erfindung von Oma, die in Barmbek wohnte. Auf den Tisch kommt er stets an Silvester. Das ist eine liebgewonnene Tradition, die immer beibehalten werden wird.

Zutaten für 4 Personen

⚓ 4 eingelegte Glückstädter Matjes

⚓ 4 mittelgroße Pellkartoffeln

⚓ 2 hart gekochte Eier

⚓ 200 g Cornichons

⚓ 1 rote Zwiebel

⚓ 2 nicht zu große rotbackige Äpfel

⚓ 1 Becher saure Sahne

⚓ 2 EL Mayonnaise

⚓ 1 Bund Dill

HAMBURGER
Gurkenfleisch

◊ Die Gurken schälen, längs halbieren und entkernen, anschließend in mundgerechte Stücke schneiden. Schalotten und Knoblauch schälen und fein würfeln

◊ Butterschmalz in einem Schmortopf erhitzen und Schalotten und Knoblauch darin andünsten. Die Gurkenstücke dazugeben und alles vermengen

◊ Nun das Hackfleisch hinzufügen und mit den anderen Zutaten leicht anbraten

◊ Mit Salz und etwas Zucker würzen

◊ Den Fond und den Weißwein angießen. Den Topf verschließen und alles 20 bis 25 Minuten köcheln lassen. Den Garzustand der Gurken zwischenzeitlich testen

◊ Den Dill säubern, fein hacken und mit Crème fraîche unter die Gurken rühren. Mit etwas Zitronensaft und dem Schalenabrieb der Zitrone abschmecken

◊ Dazu passen wunderbar Salzkartoffeln.

Zutaten für 4 Personen

- 500 g Rinderhack
- 450 g Schmorgurken
- 2 Schalotten
- 2 Zehen Knoblauch
- 2 EL Butterschmalz
- 1 Prise Salz
- 1 Prise Zucker
- 200 ml Weißwein
- 200 ml Rinderfond
- 1 Bund Dill
- 1 Becher Crème fraîche
- 1 Bio-Zitrone samt Abrieb

Hamburger Gurkenfleisch ist ein sehr typisches norddeutsches Gericht, zu dem als Beilage auch Reis passt. Kleiner Tipp: Ganz normale Schlangengurken gehen auch. Das ist wichtig zu wissen, denn die gibt es das ganze Jahr.

HAMBURGER
Labskaus

Zutaten für 4 Personen

↓ 600 g Kartoffeln
↓ 1 EL Butter
↓ 2 Zwiebeln
↓ 350 g Corned Beef (aus der Dose)
↓ 4 Eier von freilaufenden Hühnern
↓ 4 Rote Bete (vorgekocht und vakuumiert)
↓ 50 ml Rote-Bete-Saft
↓ 14 Cornichons
↓ 50 ml Gurkenwasser der Cornichons
↓ 4 Rollmöpse aus dem Glas
↓ Salz
↓ frisch gemahlener Pfeffer

◊ Die Kartoffeln schälen, waschen und in Salzwasser gar kochen
◊ In der Zwischenzeit die Zwiebeln pellen, in sehr feine Würfelchen schneiden und in einer Pfanne mit etwas Butter leicht braun anbraten. Corned Beef dazugeben und mit einer Gabel oder einem Kochlöffel zerkleinern
◊ Wenn die Kartoffeln gar sind, Wasser abgießen, etwas ausdampfen lassen und einen EL Butter zu den Kartoffeln geben. Mit Salz und Pfeffer würzen
◊ Stampfen, bis die Kartoffeln schön musig sind, aber auch noch stückig
◊ Den Saft der Roten Bete und das Gurkenwasser der Cornichons hinzugeben und noch einmal durchstampfen
◊ 6 der Cornichons und 2 der Roten Beten in 1/2 cm große Würfel schneiden, zu dem Gemisch hinzugeben und mit einem Kochlöffel einrühren

◊ Das nun fertige Labskaus mit je zwei Cornichons, 2 bis 3 der in Scheiben geschnittenen Roten Beten, je einem Rollmops aus dem Glas und einem Spiegelei anrichten

Labskaus, das »Soulfood« der alten Hamburger Seefahrer, besteht aus Zutaten, die nicht allzu leicht verderblich sind und deren Verwendung sich deshalb besonders auf langen Schiffsreisen eignete. Das Gericht ist in verschiedenen Variationen auch entlang der friesischen Nordseeküste, in Skandinavien und in Liverpool bekannt.

HAMBURGER
Aalsuppe

◊ Die getrockneten Pflaumen am Vortag, knapp bedeckt, über Nacht in Wasser einweichen

◊ Eines der beiden Suppengrün putzen und in kleine Stücke schneiden. Zusammen mit dem Schinkenknochen, dem Bohnenkraut, den Lorbeerblättern und der Petersilie zu dem Gemüsefond in den Topf geben und alles aufkochen

◊ In etwa anderthalb Stunden auf kleiner Flamme Fond und Suppengrün zu einer kräftigen Brühe köcheln lassen. Danach die Brühe durch ein Sieb in einen anderen Topf umgießen

◊ Das übrige Suppengrün putzen und klein schneiden, die Bohnen mit einem Messer dritteln, Kräuter klein hacken. Alles zusammen mit den Erbsen und dem eingeweichten Backobst in die Suppe geben und eine weitere halbe Stunde köcheln lassen

◊ Die Suppe mit Essig, Zucker, Salz und frisch gemahlenem Pfeffer abschmecken

Zutaten für 4 Personen

⌁ 2 l Gemüsefond
⌁ 1 kg Schinkenknochen
⌁ 2 Lorbeerblätter
⌁ 1 Bund Bohnenkraut
⌁ 200 g getr. Pflaumen
⌁ 2 Bund Suppengrün
⌁ 200 g grüne Bohnen
⌁ 200 g Erbsen (TK-Erbsen)
⌁ Kräuter nach Wahl
   (Thymian, Salbei,
   Basilikum, Majoran)
⌁ 1 Prise Zucker
⌁ 1 Spritzer Essig

13

»Kommt da nu Aal rein oder nich?« Eher nicht. Der Name der Aalsuppe bezeichnet ein typisches Resteessen und leitet sich vom plattdeutschen »aal bin« ab, auf Hochdeutsch: »alles drin«. Der Schinkenknochen muss für den kräftigen, rauchigen Geschmack der Suppe auf alle Fälle rein.

Birnen, Bohnen
und Speck

◊ Die Zwiebel fein würfeln und zusammen mit dem Speck in 3/4 l Wasser geben, zum Kochen bringen und bei niedriger Temperatur etwa 40 Minuten garen. Den Speck herausnehmen und warm stellen

◊ Bohnen waschen, putzen und in den Sud legen. Ebenfalls die ganzen Birnen mit Schale und Stiel zum Sud geben

◊ Bohnenkraut fein hacken, zusammen mit etwas Pfeffer in den Sud geben, dann den Speck oben auf die Bohnen legen. Alles zusammen weitere 20 Minuten garen

◊ Die Bohnen, die Birnen und den Speck auf eine vorgewärmte Platte legen und mit fein gehackter Petersilie bestreuen

◊ Den Kochsud noch etwas reduzieren lassen und über die Birnen, Bohnen und den Speck gießen

◊ Dazu passen festkochende Pellkartoffeln am besten in Bioqualität.

Zutaten für 4 Personen

↧ 200 g geräucherter, durchwachsener Speck
↧ 1 Zwiebel
↧ 1/2 l Wasser
↧ 400 g grüne Bohnen
↧ 4 Kochbirnen
↧ 1 Bund Bohnenkraut
↧ 1 Bund Petersilie
↧ frisch gemahlener Pfeffer

Auf Plattdeutsch heißt dieses Gericht »Beer'n, Bohn un Speck« und ist ein sehr traditionelles Hamburger Gericht. Wegen der Kochbirnen ist die Zubereitung nur saisonal im August und September empfehlenswert, wenn diese reif sind. Verwendet werden kann auch die Birnensorte »Bürgermeister«, die etwas handelsüblicher ist.

»HAMBURGER NATIONAL«
Steckrübenmus

◊ Den Speck zusammen mit dem Wasser aufsetzen und leise eine Stunde lang köcheln lassen

◊ In der Zwischenzeit die Steckrüben und Kartoffeln in Würfel, die Petersilienwurzeln und die Möhren in Scheiben schneiden. Den Speck herausholen, das ganze vorbereitete Gemüse in den Topf geben und aufkochen lassen

◊ Die Speckscheibe und die Kochwürste auf das Gemüse legen und eine weitere Stunde sanft köcheln lassen

◊ Die Kochwürste und den Speck herausnehmen und das Gemüse mit einem Kartoffelstampfer viermal stampfen

◊ Jetzt die Kochwürste und den Speck in Scheiben schneiden und zurück in den Topf geben

◊ Zum Schluss mit Salz und Pfeffer abschmecken (Vorsicht mit dem Salz, weil Speck und Würste schon viel Salz enthalten)

Zutaten für 4 Personen

↧ 1 Scheibe durchwachsener Speck

↧ 500 g Steckrüben

↧ 500 g Kartoffeln

↧ 2 Petersilienwurzeln

↧ 2 Möhren

↧ 750 ml Wasser

↧ 4 Kochwürste

↧ 1 TL Salz

↧ frisch gemahlener Pfeffer

Diesen Eintopf, der am besten bei Schnee und Eis auf den Tisch kommt, muss man einfach lieben. Lange Spaziergänge mit dem Blick auf Eisschollen, die träge in der Elbe schwimmen. Danach ein oder zwei Teller dieses deftigen Steckrübengerichts, bei dem wir uns mit einer Extraportion Pfeffer wieder wohlig aufwärmen können.

HAMBURGER
Pannfisch

◊ Das Fischfilet waschen, abtupfen und leicht mehlieren. Wer mag, kann das Mehl mit einem EL Paniermehl und etwas Salz und Pfeffer würzen. Beiseitestellen

◊ Die Hälfte des Butterschmalzes in eine Pfanne geben. Pellkartoffeln in Scheiben schneiden und in die Pfanne geben. Unter gelegentlichem Wenden in etwa 15 Minuten goldbraun braten lassen

◊ In der Zwischenzeit in einem Topf 200 ml Fischfond aufkochen. Crème double, Weißwein und den Senf dazugeben

◊ Mit Salz, Pfeffer und einem Spritzer Zitronensaft abschmecken

◊ Die andere Hälfte des Butterschmalzes in eine Pfanne geben und heiß werden lassen

◊ Das Fischfilet in die Pfanne geben und knusprig braun braten

◊ Alles zusammen auf einen Teller geben und servieren

Zutaten für 3 Personen
⌄ 600 g Fischfilet, zum Beispiel Zander
⌄ 600 g Pellkartoffeln
⌄ Salz, frisch gemahlener Pfeffer und ein Spritzer Zitronensaft
⌄ 1 EL Butterschmalz zum Braten
⌄ etwas Mehl zum Mehlieren

Sauce
⌄ 200 ml Fischfond
⌄ 1 EL Weißwein
⌄ 150 ml Crème double
⌄ 1 EL grobkörniger Senf
⌄ 1 EL feiner Dijon-Senf

Das Lieblingsgericht von Hans Albers »auf der Reeperbahn nachts um halb eins«. Zwischen St. Pauli und dem Hamburger Hafen ist dieser Klassiker heute wie damals in mehreren Restaurants zu bekommen.

Schnelles Hamburger Süsses *mit Kemm'schen Kuchen*

Zutaten für 1 Kastenbrot
- ↧ 240 ml lauwarme Milch
- ↧ 1 TL Trockenhefe
- ↧ 300 g Mehl Typ 550
- ↧ 1 Prise Salz
- ↧ 2 EL weiche Butter
- ↧ 1 Päckchen Bourbon Vanillezucker
- ↧ 100 g Rosinen

◇ Die lauwarme Milch zusammen mit der Hefe und dem Vanillezucker in eine Schüssel geben und zusammen mit einer Prise Salz die Trockenhefe einrieseln lassen. Durch vorsichtiges Rühren die Hefe etwas auflösen. 15 Minuten ruhen lassen

◇ Das Mehl nach und nach und dann die Rosinen sowie die weiche Butter zugeben und mit den Knethaken unterrühren. Den Teig quirlen, bis er beginnt, sich vom Schüsselrand zu lösen

◇ Der Teig ist sehr weich, aber möchte bereits anfangen zu klumpen. Vielleicht muss noch etwas mehr Mehl zugegeben werden …

◇ Den Teig in der Schüssel zugedeckt an einem warmen Ort 40 Minuten gehen lassen

◇ Wenn sich das Volumen verdoppelt hat, kann man den Teig mit einem Schaber oder Kochlöffel vorsichtig in die Kastenform füllen.

◇ Im mit 200 Grad vorgeheizten heißen Ofen 30 Minuten backen. Herausholen und abkühlen lassen

◇ Mit Butter beschmieren und mit den original Kemm'schen Kuchen belegen

Statt Kuchen am Nachmittag zu Tee oder Kaffee

Hamburger
Hefe-Butterkuchen

Zutaten für 1 Backblech
Für den Teig
- 400 g Mehl
- 2 EL Zucker
- 2 Pakete Trockenhefe oder 1 Würfel frische Hefe (42 g)
- 1 Ei
- 1 Eigelb
- 1 Becher saure Sahne
- etwa 200 ml Milch
- 1 Prise Salz

Für den Belag
- 125 g Butter
- 100 g Mandelblätter und etwa 3 EL Zucker
- Saft von einer Zitrone
- 100 g Puderzucker
- 2–3 Tropfen Bittermandelöl

Teig

◊ Milch und Zucker lauwarm im Topf erhitzen und mit dem Finger umrühren, damit die Milch auch wirklich nur warm wird

◊ Die Hefe reinbröckeln, weiter rühren, bis sich Hefe und Milch gut vermischt haben

◊ Mehl und Salz in eine Rührschüssel geben, Ei und Eigelb dazugeben. Lauwarme Hefemilch angießen. Mit den Knethaken des Handrührers etwa drei bis vier Minuten zu einem weichen (nicht knetbaren!) Teig verrühren

◊ Ein sauberes Küchentuch über die Schüssel legen und nun den Teig um das doppelte Volumen aufgehen lassen – im warmen Backofen oder an einem zugfreien Platz in der Küche. Im Backofen erreicht man die leichte Wärme so: Den Backofen für fünf Minuten auf 50 Grad schalten, dann ausschalten und die Schüssel hineinstellen, die Tür einen Spalt geöffnet lassen

◊ Nun den Teig von Hand mit einem Rührlöffel kurz zusammenschlagen

◊ Ein Backblech fetten und den Teig daraufstreichen. Nochmals etwa 15 Minuten gehen lassen. Den Backofen auf 200 Grad vorheizen

Belag

◊ Butter in Flöckchen auf dem Teig verteilen, Mandelblättchen und 3 EL Zucker darüberstreuen. Auf der zweiten Schiene in den Backofen schieben und etwa 20 Minuten goldbraun backen

◊ Inzwischen den Guss bereiten: Zitronensaft mit Puderzucker verrühren, Mandelöl dazugeben. Den gebackenen Kuchen noch heiß damit beträufeln. Mit dem Guss ist der Kuchen besonders saftig.

Der Begriff Butterkuchen ist nach dem Deutschen Wörterbuch mindestens seit dem 16. Jahrhundert schriftlich überliefert. Diesen hier macht der Guss mit Zitrone und Mandelaroma so besonders.

Franz-
brötchen

Zutaten für 18 Stück
- 400 g Weizenmehl
- 5 g Trockenhefe
- 3 EL Brauner Zucker
- 200 ml lauwarme Milch
- 150 g Butter
- 1 Prise Salz
- Abrieb einer unbehandelten Zitrone
- etwas Mehl zum Bestäuben

Für die Füllung
- 100 g sehr weiche Butter
- 2 TL Zimt
- 70 g Zucker

Für das Topping
- 50 g Zucker
- 1 TL Zimt

◊ Alle Zutaten in eine Schüssel geben und mit dem Knethaken des Handrührers zu einem glatten geschmeidigen Teig verkneten. Den Teig leicht bemehlt in Klarsichtfolie wickeln und 2 bis 3 Stunden in den Kühlschrank stellen

◊ Den Teig noch einmal auf einer bemehlten Fläche kräftig durchkneten, in zwei Portionen teilen und auf der bemehlten Arbeitsfläche zu einem Rechteck von etwa 30 cm x 25 cm ausrollen

◊ Über die gesamte Teigfläche jetzt mit einem Küchenpinsel eine satte Schicht der weichen Butter auftragen

◊ Die Zucker/Zimt-Mischung gleichmäßig auf der Teigfläche verteilen

◊ Die Teigplatte von der Längsseite her zu einer etwa 6 cm breiten Rolle aufwickeln. Die Nahtstelle soll unten liegen.

◊ Die Teigrolle in 4 cm breite Stücke schneiden. Jedes Stück mit einem hölzernen Kochlöffelstiel parallel zu den Schnittflächen in der Mitte kräftig eindrücken. Im Abstand von mindestens 4 cm auf zwei gefettete Backbleche setzen und mit Wasser bestreichen. Mit der Zucker/Zimt-Mischung bestreuen

◊ Auf dem Blech 15 bis 20 Minuten gehen lassen

◊ Das zweite Blech in der Zwischenzeit kühl stellen, damit der Teig langsamer aufgeht

◊ Auf der mittleren Einschubleiste des Backofens beide Backbleche bei 200 Grad etwa eine Viertelstunde im Ofen lassen

Was dem Franzosen sein Croissant, ist dem Hamburger das Franzbrötchen. Übrigens lässt sich dieses kleine Backwerk sehr gut einfrieren.

HAMBURGER
Rote Grütze

◊ Sämtliche Früchte bis auf die Himbeeren waschen und gegebenenfalls von Stielen, Blättern oder Blütenansätzen befreien

◊ Erdbeeren vierteln, Himbeeren und Blaubeeren verlesen

◊ Etwas von dem Kirschsaft abnehmen und mit der Speisestärke verrühren

◊ Den restlichen Kirschsaft mit den roten Johannisbeeren zum Kochen bringen und sanft 5 Minuten köcheln lassen

◊ Den übrigen Kirschsaft, den Zucker und alle Früchte in den Topf geben und einmal kurz aufkochen lassen

◊ Die angerührte Speisestärke nach und nach dazugeben, bis die gewünschte Konsistenz erreicht ist

◊ Dazu passt Milch oder Vanillesauce.

Zutaten für 4 Personen

↓ 250 g rote Johannisbeeren
↓ 125 g Erdbeeren
↓ 125 g Blaubeeren
↓ 500 g Kirschen (aus dem Glas, mit Saft)
↓ 250 ml Kirschsaft
↓ 250 g Himbeeren
↓ 40 g Speisestärke
↓ 80 g Zucker

Die Hamburger essen Rote Grütze am liebsten, wenn sie nicht ganz so fest ist.

Zutaten für eine Springform (24 cm Durchmesser)

Für den Mürbeteig

- 300g Mehl Typ 405
- 200g kalte Butter
- 100g Zucker
- 1 Ei
- eine Prise Salz
- 1/4 TL Backpulver

Für die Füllung

- 800g Äpfel der Sorte Boskoop, geputzt und gewogen
- 50g Zucker
- Saft von einer Zitrone
- 1/2 TL Zimt

Außerdem

- Fett für die Springform
- 1 Eigelb
- 1 EL Sahne
- Zucker
- 50g gehobelte Haselnüsse

HAMBURGER
Gedeckter Apfelkuchen

◊ Die Backform fetten
◊ Mehl, Zucker, Ei, Salz und das Backpulver in einer Schüssel mischen. Butter in Stückchen dazugeben und alles zwischen den Handflächen gleichmäßig feinkrümelig zerreiben. Zu einem Teigball zusammenfügen, nicht kneten. Ein Drittel des Teigs beiseitelegen
◊ Den restlichen Teig zwischen Klarsichtfolie (größer als die Backform) ausrollen. In die Form legen. Den Boden mehrmals mit einer Gabel einstechen. Den abgenommenen Teig ebenfalls ausrollen und kalt stellen
◊ Die geschälten Äpfel entkernen, in kleine Stücke schneiden und in einen Topf geben. Mit dem Zitronensaft und dem Zucker unter gelegentlichem Wenden zwei Minuten kurz abdämpfen. Mit Zimt würzen und durchschwenken. Abkühlen lassen
◊ Die Äpfel auf dem Teigboden verteilen. Mit der gekühlten Teigplatte abdecken
◊ Eigelb mit Sahne verquirlen und den sichtbaren Teig damit einpinseln. Gleichmäßig mit etwas Zucker bestreuen. Die gehobelten Haselnüsse darauf verteilen
◊ Im vorgeheizten Ofen bei 200 Grad auf der unteren Schiene 40 Minuten backen
◊ Nach 20 Minuten mit einem Backpapier abdecken

Dieser gedeckte Apfelkuchen ist ein Kuchen mit Tradition genau wie der Apfel »der Schöne aus Boskoop«, der dafür verwendet wird. Die Rezeptur wird in der Stadt oft von Generation zu Generation weitergegeben. Diese Variante hier bekommt als Besonderheit eine Schicht aus gehobelten Haselnüssen.

RUMGROG
Steife Brise

Zutaten
- ⚓ 2 cl Rum
- ⚓ 2 cl Grand Manier
- ⚓ 200 ml Wasser
- ⚓ braune Klontjes

◊ Klontjes, Rum und Grand Manier in ein Grogglas geben und mit kochendem Wasser auffüllen

Nach langen Winterspaziergängen an der Elbe durch Wind und Kälte genau das Richtige, um wieder auf Temperatur zu kommen. Grand Manier gibt ein leichtes Orangenaroma und rundet den Grog perfekt ab.

Impressum

Junius Verlag GmbH
Stresemannstraße 375
22761 Hamburg

© 2024 by Junius Verlag GmbH
© für Fotos: Jochen Stüber
© für Texte: Meike Stüber

Printed in the EU
1. Auflage 2024
ISBN 978-3-96060-585-0

Coverdesign und Layoutkonzept:
Annalena Weber

Die Deutsche Nationalbibliothek verzeichnet diese Publikation in
der Deutschen Nationalbibliografie, detaillierte bibliografische
Daten sind im Internet über http://dnb.dnb.de abrufbar.